财政部规划教材

全国中等职业学校财经类教材

财政与金融基础知识

(第三版)习题集

徐景泰　余立新　主编

中国财政经济出版社

图书在版编目（CIP）数据

财政与金融基础知识（第三版）习题集/徐景泰，余立新主编．—3 版．—北京：中国财政经济出版社，2010.3

财政部规划教材．全国中等职业学校财经类教材

ISBN 978-7-5095-2020-8

Ⅰ．财…　Ⅱ．①徐…②余…　Ⅲ．财政金融-专业学校-习题　Ⅳ．F8-44

中国版本图书馆 CIP 数据核字（2010）第 024799 号

责任编辑：张　铮　　　　责任校对：杨瑞琦

封面设计：陈　瑶　　　　版式设计：董生萍

中国财政经济出版社 出版

URL：http：//www.cfeph.cn

E-mail：cfeph@cfeph.cn

社址：北京市海淀区阜成路甲 28 号　邮政编码：100142

发行处电话：88190406　财经书店电话：64033436

北京财经印刷厂印刷　　各地新华书店经销

787×1092 毫米　16 开　6 印张　137 000 字

2010 年 3 月第 1 版　2012 年 3 月北京第 5 次印刷

定价：13.00 元

ISBN 978-7-5095-2020-8/F·1990

（图书出现印装问题，本社负责调换）

本社质量投诉电话：010-88190744

编写说明

《财政与金融基础知识（第三版）习题集》是为全国中等职业学校财经类教材《财政与金融基础知识》（第三版）编写的配套习题集，是根据财政部《2009—2011年学历教材建设计划》编写的。

本习题集紧扣修订教材的内容，根据学生的实际情况，着眼于强化知识的理解和掌握，突出理论联系实际，通过对基本概念、基本理论的准确把握和基本技能的反复练习，以及社会实践的操作，重在培养学生应用知识、分析问题的能力。

本习题集按章编写，习题的类型有：单项选择题、多项选择题、判断改错题、名词解释题、简答题、论述题、社会实践题。为保证学生综合练习和综合复习的需要，最后还配了四套模拟试题。

用书学校任课老师若需要本习题集的答案，请以电子邮件的形式向中国财政经济出版社索取，E-mail：chenbing@cfeph.cn。

本习题集由徐景泰、余立新任主编，四川财经职业学院徐景泰、余立新、杭州财税会计学校徐金霞、福建省宁德财经学校钟华、贵州省财政学校孟军参加修订。主编提出编写体例并最后总纂定稿。

限于作者的水平和时间，本习题集难免有不足或错误，敬请读者批评指正。

编　者

2010年2月

目录

第一章

财政概述

单项选择题

1. 财政分配的目的是（　　）。
A. 满足政府的需要　　B. 满足社会公共需要
C. 满足企业的需要　　D. 满足个人的需要
2. 属于纯公共产品的是（　　）。
A. 高等教育　　B. 公共汽车
C. 行政国防　　D. 高速公路
3. 财政分配的主体是（　　）。
A. 企业　　B. 银行
C. 居民　　D. 政府
4. 具有外部正效应的典型的社会现象是（　　）。
A. 应用科研　　B. 污染工业
C. 卷烟企业　　D. 农业科研
5. 以下属于准公共产品的是（　　）。
A. 行政管理　　B. 国防设施
C. 基础教育　　D. 高等教育
6. 财政分配的主要对象是（　　）。
A. C　　B. V
C. M　　D. C + M
7. 财政是一种（　　）的经济行为。
A. 社会　　B. 政府

C. 企业　　D. 个人

8. 财政配置资源的职能是要实现资源配置最大的（　　）。

A. 经济效益　　B. 社会效益

C. 经济效益和社会效益　　D. 微观效益

9. 财政稳定经济职能的主要任务是（　　）。

A. 充分就业　　B. 物价稳定

C. 调节总供给与总需求的平衡　　D. 经济增长

10. 现代市场经济条件下的政府是（　　）。

A. 生产生活型政府　　B. 经济建设型政府

C. 生活型政府　　D. 公共服务型政府

多项选择题

1. 纯公共产品具有以下特征（　　）。

A. 非排他性　　B. 排他性

C. 非竞争性　　D. 竞争性

2. 属于外部负效应的社会现象是（　　）。

A. 污染企业　　B. 卷烟企业

C. 农业科研　　D. 基础教育

3. 财政的一般特征是（　　）。

A. 政府主体性　　B. 公共性

C. 强制性　　D. 无偿性

4. 在市场经济条件下，财政的职能是（　　）。

A. 资源配置职能　　B. 收入分配职能

C. 计划分配职能　　D. 稳定经济职能

5. 社会资源的配置方式有（　　）。

A. 市场配置　　B. 企业配置

C. 政府配置　　D. 个人配置

6. 市场缺陷的表现有（　　）。

A. 不能提供公共产品　　B. 外部效应

C. 垄断　　D. 信息不对称

7. 财政主要是通过（　　）等手段影响私人部门的支出方向来直接或间接调节社会资源在产业、行业之间的配置，实现社会资源的最优配置。

A. 预算支出　　B. 税收

C. 财政补贴　　D. 利率

8. 公平分配包括（　　）。

A. 效率公平　　B. 效益公平

C. 经济公平　　D. 社会公平

9. 市场机制由（　　　　）组成。

A. 利益机制　　B. 价格机制

C. 供求机制　　D. 竞争机制

10. 财政调节居民个人收入水平，主要的手段是（　　　　）。

A. 税收　　B. 国债

C. 政府投资　　D. 转移支付

11. 财政的内在稳定器主要包括（　　　　）。

A. 政府投资　　B. 国债

C. 累进所得税　　D. 失业保险制度

12. 在市场经济条件下，政府的职能是（　　　　）。

A. 收入分配职能　　B. 政治职能

C. 经济职能　　D. 社会职能

13. 市场经济体制下的公共财政具有以下特征：（　　　　）。

A. 非营利性　　B. 营利性

C. 民主性　　D. 法制性

判断改错题

1. 在市场经济体制下，对社会资源的配置侧重政府配置方式。（　　）

2. 公共电视台的节目属于准公共产品。（　　）

3. 在市场经济条件下，生产和销售假冒产品这一社会现象会自然消失。（　　）

4. 在收入分配方面，市场经济是可以兼顾社会公平的。（　　）

5. 准公共产品也同时完全具备非排他性和非竞争性。（　　）

6. 市场经济体制下，社会资源有市场配置和政府配置两种方式，它们的共同点表现为都是为了实现资源配置社会效益和经济效益的最大化。（　　）

7. 财政分配是一种市场行为。（　　）

8. 政府越是具有公共性，每个企业、家庭个人从政府公共服务中获得的利益就越小。（　　）

9. 财政分配是社会收入分配的主要形式。（　　）

10. 在收入分配方面，我国目前完全实行按劳分配的分配原则。（　　）

11. 在经济繁荣时期，财政通过增加支出或减少税收来调节经济。（　　）

12. 财政是政府和企业的经济活动。（　　）

13. 收入分配的目标是实现公平分配。（　　）

14. 满足社会公共需要是政府活动的目的，弥补市场缺陷是政府活动的基础。（　　）

名词解释

1. 公共产品

2. 纯公共产品

3. 准公共产品

4. 外部效应

5. 财政

6. 公共财政

简答题

1. 简述公共产品的特征。

2. 财政具有哪些一般特征？公共财政具有哪些特征？

3. 市场缺陷表现在哪些方面？

4. 在市场经济体制下，政府具有哪些职能？

论述题

试分析在市场经济体制下，财政职能的主要内容。

社会实践题

1. 主题：财政是什么？财政能够干什么？我们享受到了哪些政府提供的公共服务？

2. 要求：运用所学的有关财政的基本理论知识，结合社会现实，进行分析和思考，从而提出自己的看法。

3. 目的：透过自己身边的社会财政现象，经过分析、讨论，初步认识我国社会主义市场经济条件下构建公共财政的重要性。

4. 建议：搜集相关资料，分组写出发言提纲，最后由教师组织全班进行讨论。

第二章

财政支出

单项选择题

1. 财政支出中的财政补贴支出属于（　　）。
   A. 购买性支出　　B. 转移性支出
   C. 建设性支出　　D. 积累性支出
2. 财政贴息在本质上属于（　　）。
   A. 财政补贴　　B. 财政拨款
   C. 财政贷款　　D. 转移支付
3. 财政支出中的文教科卫社会公共事业支出属于（　　）。
   A. 购买性支出　　B. 转移性支出
   C. 建设性支出　　D. 积累性支出
4. 我国的九年制义务教育在性质上属于（　　）。
   A. 公共产品　　B. 私人产品
   C. 准公共产品　　D. 既是公共产品，也是私人产品
5. 在我国社会保障制度中居于核心地位的是（　　）。
   A. 社会保险　　B. 社会救济
   C. 社会福利　　D. 社会优抚
6. 政府投资性支出不应参与的领域是（　　）。
   A. 基础性项目　　B. 公益性项目
   C. 竞争性项目　　D. 基础设施项目
7. 财政补贴中最主要的组成内容是（　　）。
   A. 财政贴息　　B. 企业政策性亏损贴

C. 税式支出　　D. 对农业、林业的补贴

8. 下列财政支出中属于转移性支出的是（　　）。

A. 文教科卫支出　　B. 债务利息支出

C. 一般公共服务支出　　D. 国防支出

9. 我国政府采购的适用范围是使用（　　）的各类行政事业单位和社会团体。

A. 政府财政资金　　B. 预算外资金

C. 社会资金　　D. 一切资金

10. 属于最低层次的社会保障是（　　）。

A. 社会保险　　B. 社会救济

C. 社会福利　　D. 社会优抚

11. 政府采购的主要采购方式是（　　）。

A. 邀请招标　　B. 单一来源采购

C. 公开招标　　D. 竞争性谈判

12. 属于最高层次的社会保障是（　　）。

A. 社会保险　　B. 社会救济

C. 社会福利　　D. 社会优抚

13. 购买性支出具有较强的（　　）。

A. 收入分配功能　　B. 稳定经济职能

C. 稳定物价职能　　D. 资源配置功能

14. 转移性支出的主要功能是（　　）。

A. 收入分配功能　　B. 稳定经济职能

C. 稳定物价职能　　D. 资源配置功能

多项选择题

1. 下列支出中属于社会消费性支出的项目有（　　）。

A. 政府投资支出　　B. 一般公共服务支出

C. 国防支出　　D. 文教科卫支出

2. 我国财政补贴的内容包括（　　）。

A. 对农业、林业的补贴　　B. 企业政策性补贴

C. 财政贴息　　D. 税式支出

3. 我国社会保险的内容包括（　　）。

A. 养老保险　　B. 工伤保险

C. 失业保险　　D. 医疗保险

4. 社会救济的资金来源包括（　　）。

A. 国家财政拨款　　B. 社会捐款

C. 公民互助　　D. 银行信贷

5. 我国目前的住房保障制度包括：（　　）。

A. 住房公积金制度　　B. 经济适用房制度
C. 福利房制度　　D. 廉租住房制度

6. 政府采购应当遵循的原则是（　　）。
A. 公开透明原则　　B. 公平竞争原则
C. 公正原则　　D. 诚实信用原则

7. 下列支出中属于购买性支出的项目是（　　）。
A. 政府投资支出　　B. 一般公共服务支出
C. 文教科卫支出　　D. 社会保障支出

8. 财政支出按经济性质分类，可分为（　　）。
A. 工资福利支出　　B. 商品和服务支出
C. 转移性支出　　D. 对个人和家庭的补助支出

9. 下列支出中属于转移性支出的项目是（　　）。
A. 行政管理支出　　B. 财政补贴支出
C. 债务与利息支出　　D. 捐赠支出

10. 与其他的财政分配形式相比，财政补贴的特征是（　　）。
A. 政策性　　B. 法律性
C. 可控性　　D. 时效性

11. 政府投资的特点是（　　）。
A. 宏观性　　B. 公共性
C. 示范性和引导性　　D. 效益的双重性

12. 我国农村社会保障制度包括（　　）。
A. 农村养老保险制度　　B. 住房保障制度
C. 社会优抚和安置制度　　D. 新型农村合作医疗制度

13. 我国目前由用人单位缴费，而个人不缴费的社会保险制度是（　　）。
A. 养老保险　　B. 医疗保险
C. 工伤保险　　D. 生育保险

14. 我国目前由用人单位和职工个人共同缴费的社会保险制度是（　　）。
A. 养老保险　　B. 医疗保险
C. 工伤保险　　D. 失业保险

判断改错题

1. 政府采购应主要采用招标性和谈判性采购方法。（　　）
2. 财政支出按经济性质分类，可分为购买性支出和转移性支出。（　　）
3. 政府购买性支出，一般不必遵循等价交换原则。（　　）
4. 一般来说，发达国家政府投资支出比重比发展中国家低。（　　）
5. 在我国财政支出中的转移性支出体现的是政府的市场性分配。（　　）
6. 随着我国社会保障体系的建立和完善，转移性支出的总量占财政支出的比重将不断

减少。 ( )

7. 政府采购适用于一切使用财政资金的单位。 ( )

8. 竞争性项目由于具有市场竞争能力的生产投资项目，投资效益较高，所以投资主体是政府。 ( )

9. 税式支出实际上是政府给予纳税人的一种隐弊性的财政补贴。 ( )

10. 在财政支出中，购买性支出的比重越大，政府对生产和就业的影响则越小。( )

11. 在市场经济条件下，社会总投资的主体是政府。 ( )

12. 我国目前城镇非从业居民没有参加医疗保险。 ( )

名词解释

1. 财政支出

2. 政府采购

3. 社会保障

4. 财政补贴

5. 转移性支出

简答题

1. 简述政府投资的特点及范围。

2. 分析政府采购的特点。

3. 简述我国政府采购制度的主要内容。

4. 简述我国社会保障制度的主要内容。

5. 什么是财政补贴？它有哪些特点？

6. 如何理解非义务教育的缴费上学制度？

论述题

试述购买性支出与转移性支出的含义及对经济的影响。

社会实践题

1. 主题：结合本地实际，调查低收入人群的生活情况，说明在我国完善社会保障制度的必要性。

2. 要求：实地走访一些低收入人群，了解他们的生活境况。

3. 目的：通过调查，经过分析、讨论，初步认识我国社会主义市场经济条件下完善社会保障制度的必要性。

4. 建议：对学生进行分组，在老师的指导下进行调查。

第三章

财政收入

单项选择题

1. 目前我国财政收入的主要形式是（　　）。

A. 税收收入　　B. 政府非税收入

C. 债务收入　　D. 其他收入

2. 我国财政收入的产业构成中，（　　）是财政收入的主要来源。

A. 第一产业　　B. 第二产业

C. 第三产业　　D. 交通运输业

3. 我国财政收入的产业构成中，（　　）是财政收入的主要来源。

A. 第一产业　　B. 第二产业

C. 第三产业　　D. 交通运输业

4. 财政收入采取有偿原则取得的收入是（　　）。

A. 税收收入　　B. 债务收入

C. 其他收入　　D. 国有资产收入

5. 国债最基本的作用是（　　）。

A. 筹集建设资金　　B. 调节经济

C. 弥补财政赤字　　D. 收入分配

6. 税收采取的是（　　）方式。

A. 强制征收　　B. 自愿缴纳

C. 有偿筹集　　D. 自愿认购

7. 一种税区别于另一种税的主要标志是（　　）。

A. 征税对象不同　　B. 税源不同

C. 税率不同　　D. 纳税人不同

8. 累进税率一般适用于（　　）。

A. 对流转额征税　　B. 对所得额征税

C. 对财产额征税　　D. 对行为征税

9. 政府有关部门向直接受益者收取的水资源费收入属于（　　）。

A. 政府性基金收入　　B. 国有资源（资产）有偿使用收入

C. 行政事业性收费　　D. 专项收入

10. 下列税种中属于价外税的是（　　）。

A. 增值税　　B. 消费税

C. 营业税　　D. 资源税

11. 下列不属于流转税的税种包括：（　　）。

A. 增值税　　B. 消费税

C. 营业税　　D. 所得税

12. 不构成财政收入来源的是（　　）。

A. C　　B. V + M

C. M　　D. V

13. 税收的强制性表现在（　　）。

A. 国家对生产资料的占有　　B. 征税依据国家的政治权力

C. 征税依靠对生产资料的所有权　　D. 征税依靠社会习惯势力

14. 各国政府偿还国债的主要资金来源是（　　）。

A. 建立偿债基金　　B. 通过预算列支

C. 举借新债　　D. 依靠政府盈余

多项选择题

1. 财政收入的形式包括（　　）。

A. 税收收入　　B. 政府非税收入

C. 债务收入　　D. 其他收入

2. 从财政收入的社会产品价值构成分析，财政收入来源于（　　）。

A. C　　B. C + V

C. M　　D. V

3. 税收的特征是（　　）。

A. 强制性　　B. 无偿性

C. 固定性　　D. 偿还性

4. 税收制度的最基本构成要素是（　　）。

A. 纳税人　　B. 纳税环节

C. 税率　　D. 征税对象

5. 我国现行税率包括（　　）。

A. 比例税率　　B. 定额税率

C. 超倍累进税率　　D. 超额累进税率

6. 我国税种按其征税对象分类，可以划分为（　　）。

A. 资源税　　B. 流转税

C. 所得税　　D. 财产和行为税

7. 下列税种中属于对流转额课税的有（　　）。

A. 营业税　　B. 增值税

C. 关税　　D. 所得税

8. 国债利率的影响因素有（　　）。

A. 金融市场利率　　B. 社会资金供应量

C. 政府信用状况　　D. 税率水平

9. 我国现行税法中的纳税期限，主要有以下几种形式（　　）。

A. 按期纳税　　B. 按次纳税

C. 按月纳税　　D. 按年纳税

10. 目前我国来自于 V 部分的财政收入主要有（　　）。

A. 个人所得税　　B. 居民购买国债

C. 向个人收取的规费和罚款收入　　D. 最终由消费者承担的消费税

11. 政府非税收入包括（　　）。

A. 政府性基金收入　　B. 行政事业性收费

C. 国债　　D. 国有资本经营收入

12. 国债具有以下主要特征：（　　）。

A. 自愿性　　B. 有偿性

C. 灵活性　　D. 固定性

13. 按财政收入管理层次分类，将财政收入分为（　　）。

A. 经常性收入　　B. 临时性收入

C. 地方财政收入　　D. 中央财政收入

14. 国家通过以国有资产所有者身份，通过股息、红利形式取得的收入，不属于（　　）。

A. 税收　　B. 国有资产收益

C. 政府收费　　D. 专项收入

判断改错题

1. 财政支出是财政收入的前提。（　　）

2. 农业是国民经济的基础，也是财政收入的主要来源。（　　）

3. 社会产品 C、V、M 三部分构成中，M 是财政收入的主要来源。（　　）

4. 国债产生最主要的原因是筹集建设资金。（　　）

5. 国债就是公债。（　　）

6. 税收的特点是自愿、有偿。 (　　)

7. 纳税人就是负税人。 (　　)

8. 个体工商户的经营所得应缴企业所得税。 (　　)

9. 消费税的纳税人必然也是增值税的纳税人。 (　　)

10. 缴纳增值税的企业必然缴纳消费税。 (　　)

11. 征收政府性基金由各级地方政府审批。 (　　)

12. 教育费附加收入属于政府性基金收入。 (　　)

13. 国有资本投资收益属于国有资产有偿使用收入。 (　　)

14. 记账式国债是一种储蓄式债券，以收款凭证的形式记录债权，可以记名，遗失也可以挂失。 (　　)

15. 税率体现了征税的广度，而税目体现了征税的深度。 (　　)

名词解释

1. 财政收入

2. 税收

3. 国债

4. 政府非税收入

5. 纳税人

简答题

1. 简述税收的形式特征。

2. 税收与罚款都是财政收入的一种形式，都具有强制性和无偿性，二者性质一样吗？为什么？

3. 简述国债在现代经济中的作用。

论述题

为什么说发行国债是弥补财政赤字的最主要方式？

社会实践题

1. 主题：依法纳税的重要性。

2. 要求：请结合本地实际选择一些企业，调查了解它们的纳税情况；或者访问你的老师和父母，了解他们缴纳个人所得税的情况。

3. 目的：通过调查、访问，使学生把书本知识和社会实际相结合，明确税收是我国财政收入的主要形式，认识加强税收知识学习和依法纳税的重要性，树立纳税意识。

4. 建议：对学生进行分组，在老师的指导下进行调查。

第四章

政府预算

单项选择题

1. 我国地方总预算由（　　）总预算组成。

A. 一级　　B. 二级

C. 三级　　D. 四级

2. 预算年度的期限通常为（　　）。

A. 一年　　B. 两年

C. 三年　　D. 四年

3. 负责编制政府预算草案的部门是（　　）。

A. 国务院　　B. 金融机构

C. 财政部门　　D. 地方政府

4. 把全部的预算收支按经济性质汇编入两个以上的收支对照表，从而编成两个以上的预算称为（　　）。

A. 零基预算　　B. 绩效预算

C. 单式预算　　D. 复式预算

5. 负责编制部门预算的是（　　）。

A. 财政部门　　B. 政府各部门

C. 立法机构　　D. 企事业单位

6. 以项目的效益为目的，以成本为基础而编制和管理的预算，称为（　　）。

A. 零基预算　　B. 绩效预算

C. 总预算　　D. 中央预算

7. 下列属于中央地方共享税的是（　　）。

A. 增值税　　B. 关税
C. 消费税　　D. 营业税

8. 解决在预算执行中某些临时性急需和事前难以预料的特殊开支而进行预算调整的方法，应为（　　）。
A. 动用预备费　　B. 预算的追加
C. 经费流用　　D. 预算划转

9. 1994年1月1日起，在全国范围内实行的预算管理体制是（　　）。
A. 利改税　　B. 分税制
C. 包干制　　D. 分灶吃饭

10. 政府预算执行的首要任务是指（　　）。
A. 合理安排预算支出　　B. 组织预算收支平衡
C. 加强预算执行监督　　D. 依法组织预算收入

11. 预算、决算的审批机关是（　　）。
A. 各级财政部门　　B. 各级人民政府
C. 各级人民代表大会　　D. 国务院

12. 政府预算执行的职能机构是（　　）。
A. 各级财政部门　　B. 各级人民政府
C. 各级人民代表大会　　D. 国务院

13. 政府基本财政收支计划是（　　）。
A. 税收计划　　B. 国有企业财务收支计划
C. 信贷收支计划　　D. 政府预算

14. 政府预算管理体制的核心内容是（　　）。
A. 政府预算管理权限的划分　　B. 政府预算收支的划分
C. 政府预算的执行　　D. 政府间职权的划分

15. 财政直接支付的范围是（　　）。
A. 工资支出　　B. 零星杂项支出
C. 工程采购支出　　D. 物品和服务采购支出

16. 政府新预算模式的核心内容主要包括：（　　）。
A. 部门预算制度　　B. 国库集中收付制度
C. 政府采购制度　　D. 收支两条线制度

多项选择题

1. 政府预算具有如下特征（　　　）。
A. 预测性　　B. 法律性
C. 综合性　　D. 间接性

2. 政府预算执行的组织机构是（　　　）。
A. 各级政府　　B. 各级财政部门

C. 银行 D. 税务机关

3. 县以上各级总预算分别由（　　）组成。

A. 政府本级预算 B. 下级总预算

C. 中央预算 D. 地方预算

4. 政府预算按编制方法划分，可分为（　　）。

A. 总预算 B. 单位预算

C. 零基预算 D. 绩效预算

5. 我国政府预算由（　　）组成。

A. 中央预算 B. 省总预算

C. 市总预算 D. 县总预算

6. 政府预算按组织形式划分为（　　）。

A. 单式预算 B. 复式预算

C. 零基预算 D. 绩效预算

7. 政府预算编制的内容包括（　　）。

A. 单位预算编制 B. 部门预算编制

C. 各级总预算编制 D. 中央预算编制

8. 政府预算收入的执行机构包括（　　）。

A. 财政机构 B. 税务机构

C. 银行 D. 海关

9. 政府预算管理体制的内容包括（　　）。

A. 政府预算管理权限的划分 B. 政府预算收支的划分

C. 政府预算的执行 D. 政府间职权的划分

10. 政府预算的局部调整措施有（　　）。

A. 动用预备费 B. 预算的追加追减

C. 经费流用 D. 预算划转

11. 分税制体制中，关于中央与地方收入的划分是（　　）。

A. 中央固定收入 B. 地方固定收入

C. 中央与地方共享收入 D. 其他收入

12. 中央财政对地方转移支付的形式有（　　）。

A. 体制补助 B. 税收返还

C. 专项补助 D. 一般性转移支付

13. 国库集中收付是公共财政预算执行的重要环节，包括三个方面的含义（　　）。

A. 集中人员管理 B. 集中收入管理

C. 集中支出管理 D. 集中账户管理

14. 国库单一账户体系包括（　　）。

A. 国库存款账户 B. 预算外资金财政专户

C. 财政零余额账户 D. 单位零余额账户

判断改错题

1. 政府预算是由政府编制的财政年度财政收入和财政支出的计划，是政府的基本财政计划。（ ）

2. 政府预算反映全社会的财力来源、规模和使用方向。（ ）

3. 企业所得税是中央固定收入。（ ）

4. 各级人民政府是审查、批准预算、决算的权力机关。（ ）

5. 各级财政部门是预算管理的职能部门。（ ）

6. 政府决算是预算计划管理的起点。（ ）

7. 动用预备费的时间一般控制在上半年。（ ）

8. 地方预算在政府预算体系中占主导地位。（ ）

9. 财政部门执行预算的主要任务，是积极组织预算平衡。（ ）

10. 预算执行中的调整，经常进行的是全局调整。（ ）

11. 我国的国库业务由中国银行经理。（ ）

12. 分税制的前提是划分税种。（ ）

13. 各级政府间收支划分的重要前提条件是政府间职权的划分。（ ）

14. 转移支付是指财政资金在政府间的转移。（ ）

15. 财政直接支付包括转账支付和现金支付两种方式。（ ）

16. 我国目前已形成了以集中采购为主要实施形式的采购格局。（ ）

名词解释

1. 政府预算

2. 分税制

3. 复式预算

4. 政府预算管理体制

5. 转移支付

6. 国库集中收付制度

简答题

1. 如何理解政府预算的含义?

2. 简述分税制的基本含义。

3. 我国政府预算体系是如何构成的?

4. 我国政府预算是如何审批的？

5. 简述局部预算调整的方法。

6. 简述政府预算执行的任务。

7. 简述我国国库集中收付制度的主要内容。

论述题

试述我国分税制预算管理体制的主要内容。

社会实践题

1. 主题：了解本年度我国政府预算收支的具体内容。

2. 要求：运用所学的政府预算的有关理论知识，通过电视、报刊等媒体，了解我国政府预算收支情况。

3. 目的：通过了解政府预算收支的现状，明确政府本年度工作的方向和重点。

4. 建议：首先搜集相关资料；然后分组组织发言提纲；最后在全班进行讨论。

第五章

金融概述

单项选择题

1. 我国金融体系的核心是（　　）。
   A. 商业银行　　B. 中央银行
   C. 政策性银行　　D. 非金融机构
2. 人类历史上最早的货币形态是（　　）。
   A. 实物货币　　B. 金属货币
   C. 代用货币　　D. 信用货币
3. 影响市场利率最直接最明显的因素是（　　）。
   A. 借贷资金供求状况　　B. 通货膨胀率
   C. 国家经济政策　　D. 国际利率水平
4. 我国信用的主要形式是（　　）。
   A. 商业信用　　B. 国家信用
   C. 银行信用　　D. 消费信用
5. 货币最基本的职能是（　　）。
   A. 价值尺度和支付手段　　B. 价值尺度和流通手段
   C. 流通手段和支付手段　　D. 价值尺度和储藏手段
6. 一般而言，在本金、期限确立的条件下，利息的多少决定于（　　）。
   A. 期限长短　　B. 计息方法
   C. 利率的高低　　D. 资金使用效率
7. 在现代金融体系中占主体地位的是（　　）。
   A. 中央银行　　B. 商业银行

C. 政策性银行　　D. 信托公司

8. 货币的根源在于（　　）。

A. 商品　　B. 国家权力

C. 创造　　D. 共同协商

9. 当名义利率为10%，物价上涨率为6%，则实际利率为（　　）。

A. 10%　　B. 6%

C. 16%　　D. 4%

10. 中国人民银行第二总部成立于（　　）。

A. 2004 年 10 月 1 日　　B. 2005 年 8 月 10 日

C. 2000 年 5 月 18 日　　D. 2003 年 7 月 10 日

11. 保险公司是（　　）。

A. 非银行金融机构　　B. 商业银行

C. 中央银行　　D. 政策性银行

12. 如果流通市场货币量过多，会造成（　　）。

A. 商品供不应求，物价上涨　　B. 商品供过于求，物价下跌

C. 商品供需平衡，物价稳定　　D. 没有影响

13. 通货膨胀的基本前提是（　　）流通。

A. 金属货币　　B. 代用货币

C. 纸币　　D. 实物货币

14. 目前我国现金回笼的主要渠道是（　　）。

A. 服务回笼　　B. 商品回笼

C. 财政回笼　　D. 信用回笼

15. 依照法律、法规统一监督管理全国保险市场，维护保险业的合法、稳健运行的机构是（　　）。

A. 中国人民银行　　B. 银监会

C. 保监会　　D. 证监会

多项选择题

1. 金融的范围包括（　　）。

A. 货币　　B. 信用

C. 银行　　D. 税收

2. 我国的人民币（　　）。

A. 可以自由兑换　　B. 是我国的法定货币

C. 发行权属于国家　　D. 是信用货币

3. 信用最基本的特征是（　　）。

A. 是一种债权债务关系　　B. 价值对等转移和运动

C. 以偿还为条件　　D. 计付利息

4. 货币制度的主要内容包括（　　　　）。

A. 确定货币金属　　B. 确定货币单位

C. 本位币和辅币的铸造、发行、流通程序　　D. 准备金制度

5. 商业信用具有以下特征（　　　　）。

A. 以商品形态提供的信用　　B. 直接信用

C. 是弥补财政赤字的重要工具　　D. 债权人与债务人都是商品生产者

6. 属于货币支付手段职能的是（　　　　）。

A. 清偿债务　　B. 购买商品

C. 支付税金　　D. 支付工资

7. 我国中央银行的主要职责有（　　　　）。

A. 发行人民币，管理人民币流通　　B. 依法制订和执行货币政策

C. 持有、管理、经营国家外汇储备、黄金储备　　D. 经理国库

8. 现代信用的形式有（　　　　）。

A. 商业信用　　B. 银行信用

C. 国家信用　　D. 消费信用

9. 货币形式的发展，大体上经历了（　　　　）等几种形式。

A. 实物货币　　B. 金属货币

C. 代用货币　　D. 信用货币

10. 银行信用的特点是（　　　　）。

A. 以货币形式提供　　B. 对象广泛

C. 有较强的调节经济的功能　　D. 以商品形式提供

11. 消费信用的主要形式有（　　　　）。

A. 分期付款　　B. 赊销

C. 抵押　　D. 消费贷款

12. 利息率按是否剔除通货膨胀率因素分为（　　　　）。

A. 固定利率　　B. 浮动利率

C. 名义利率　　D. 实际利率

13. 我国于1994年组建的政策性银行是（　　　　）。

A. 国家开发银行　　B. 交通银行

C. 中国农业发展银行　　D. 中国进出口银行

14. 一国的金融体系一般由（　　　　）组成。

A. 中央银行　　B. 商业银行

C. 政策性银行　　D. 非银行金融机构

15. 货币的职能是（　　　　）。

A. 价值尺度　　B. 流通手段

C. 支付手段　　D. 储藏手段

16. 我国的金融监管机构包括（　　　　）

A. 中国银监会　　B. 中国人民银行

C. 中国证监会　　D. 中国保监会

17. 货币供求失衡的表现是出现（　　）。

A. 通货膨胀　　B. 通货紧缩

C. 货币现象　　D. 价格现象

18. 通货紧缩的特征表现为（　　）。

A. 物价下跌　　B. 经济衰退

C. 投资需求增加　　D. 失业增加

19. 治理通货紧缩应采取的措施是（　　）。

A. 增加财政支出　　B. 减少税收

C. 减少财政支出　　D. 提高利率

20. 治理通货膨胀应采取的措施是（　　）。

A. 增加财政支出　　B. 增加税收

C. 减少财政支出　　D. 提高利率

判断改错题

1. 市场经济越发达，金融在社会中的地位越重要。（　　）

2. 商业信用是我国的主体信用形式。（　　）

3. 货币在执行价值尺度职能时，必须是现实的货币。（　　）

4. 商品经济是金融高度发展的产物。（　　）

5. 商品流通是由货币流通引起并为货币流通服务的。（　　）

6. 信用货币往往不能与金属货币相兑换。（　　）

7. 中国人民银行是我国人民币发行的唯一的合法机构。（　　）

8. 港元是香港特别行政区的法定货币。（　　）

9. 信用就是人与人之间的一种信任程度。（　　）

10. 利息实质上是利润的一部分。（　　）

11. 在通货膨胀时期，利率水平一般会相应下降。（　　）

12. 市场利率是由国家根据市场资金的供求关系所决定的。（　　）

13. 基准利率是指在多种利率并存的条件下起决定作用的利率，当它变动时，其他利率也相应发生变动。（　　）

14. 我国的中央银行是中国银行。（　　）

15. 现金流通是货币流通的唯一形式。（　　）

16. 经济衰退都是由通货紧缩造成的。（　　）

17. 在金属货币流通的条件下，一般不会发生通货膨胀。（　　）

18. 中国人民银行根据授权统一监督管理银行、金融资产管理公司、信托投资公司以及其他存款类金融机构，维护银行业的合法、稳健运行。（　　）

19. 我国设立的政策性银行是以营利为目的的金融机构。（　　）

名词解释

1. 金融

2. 货币制度

3. 商业信用

4. 银行信用

5. 利息

6. 信用

7. 通货紧缩

8. 通货膨胀

简答题

1. 简述金融在社会经济中的地位。

2. 简述货币的职能。

3. 简述影响利率变动的主要因素。

4. 简述利息的作用。

5. 简述我国货币制度的主要内容。

6. 简述货币流通与商品流通的关系。

7. 简述中央银行的职能。

8. 简述我国金融体系的构成。

计算题

1. 某储户 10 月 31 日存入两年期定期储蓄存款 1 万元，年利率 4.14%。试计算到期银行应付多少利息？

2. 李某 2008 年 1 月 1 日存入 1 年期定期储蓄存款 5 000 元，年利率为 4.14%，李某于 2009 年 1 月 28 日才支取，支取日活期储蓄利率为 0.36%。计算李某实际得到的利息为多少？

3. 某企业债券以复利计算，年息 10%。两年还本付息。某人购 2 000 元债券，问两年后可得利息多少？

论述题

试述通货膨胀对社会经济的影响。

社会实践题

1. 主题：利率在市场经济中的作用。

2. 要求：运用所学的利率的有关理论知识，结合利率对现实经济生活的影响，进行分析和思考，从而提出自己的看法。

3. 目的：认识在市场经济条件下，利率变化对个人、家庭和企业的影响。

4. 建议：首先搜集相关资料；然后分组组织发言。

第六章

商业银行

单项选择题

1. 具有现代企业基本特征的银行是（　　）。

A. 中央银行　　B. 商业银行

C. 政策性银行　　D. 其他金融机构

2. 金融体系的主体是（　　）。

A. 中央银行　　B. 商业银行

C. 政策性银行　　D. 其他金融机构

3. 商业银行最基本的职能是（　　）。

A. 信用中介　　B. 支付中介

C. 信用创造　　D. 金融服务

4. 我国商业银行的组织形式是（　　）。

A. 分支银行制　　B. 单一银行制

C. 银行控股公司制　　D. 跨国银行制

5. 商业银行最重要的负债业务是（　　）。

A. 现金　　B. 贷款

C. 银行借款　　D. 吸收存款

6. 商业银行最主要的资产业务是（　　）。

A. 现金资产　　B. 贷款

C. 票据贴现　　D. 吸收存款

7. 商业银行利润的主要来源是（　　）。

A. 现金资产　　B. 贷款

C. 票据贴现　　D. 证券投资

8. 商业银行正常经营的基础和衡量其实力的重要标准是（　　）。

A. 存款　　B. 借款

C. 现金　　D. 资金本

9. 商业银行资产中最具有流动性的是（　　）。

A. 现金　　B. 贷款

C. 票据贴现　　D. 证券投资

10. 商业银行的非营利性资产是（　　）。

A. 现金资产　　B. 贷款

C. 票据贴现　　D. 证券投资

11. 按照《巴塞尔协议》的规定，商业银行资本总额与加权风险资产总额的比例不得低于（　　）。

A. 4%　　B. 8%

C. 10%　　D. 12%

多项选择题

1. 商业银行的职能是（　　）。

A. 信用中介　　B. 支付中介

C. 信用创造　　D. 金融服务

2. 商业银行的负债业务包括（　　）。

A. 资本金　　B. 贷款业务

C. 存款业务　　D. 借款业务

3. 商业银行的借款主要包括（　　）。

A. 同业借款　　B. 向中央银行借款

C. 向企业借款　　D. 发行金融债券

4. 商业银行向中央银行借款的主要形式是（　　）。

A. 同业拆借　　B. 转贴现

C. 再贴现　　D. 再贷款

5. 商业银行的资产业务包括（　　）。

A. 现金资产　　B. 贷款业务

C. 票据贴现　　D. 证券投资

6. 商业银行的营利性资产包括（　　）。

A. 现金资产　　B. 贷款

C. 票据贴现　　D. 证券投资

7. 商业银行的不良贷款包括（　　）。

A. 关注贷款　　B. 次级贷款

C. 可疑贷款　　D. 损失贷款

8. 商业银行开展证券投资业务的目的是（　　）。
A. 分散风险 B. 取得收益
C. 保持清偿力 D. 保持资产的流动性
9. 目前我国商业银行的证券投资对象是（　　）。
A. 政府债券 B. 股票
C. 公司债券 D. 金融债券
10. 商业银行传统的结算方式是指“三票一汇”，即（　　）。
A. 汇票 B. 本票
C. 支票 D. 汇款
11. 商业银行的中间业务主要有（　　）。
A. 支付结算业务 B. 担保业务
C. 理财业务 D. 电子银行业务
12. 商业银行的经营原则是（　　）。
A. 安全性原则 B. 流动性原则
C. 赢利性原则 D. 有偿性原则

判断改错题

1. 商业银行的基本性质是贯彻和执行国家的金融政策。（　　）
2. 商业银行的资金来源主要是自有资本金。（　　）
3. 我国商业银行的资本金主要来源于发行股票筹集。（　　）
4. 商业银行经营的最初资金来源是吸收存款。（　　）
5. 商业银行最主要的资产业务是证券投资。（　　）
6. 我国的储蓄存款主要对企业单位和个人办理。（　　）
7. 同业拆借的期限较长。（　　）
8. 转贴现是中央银行与商业银行之间发生的贴现行为。（　　）
9. 商业银行的库存现金能带来收益。（　　）
10. 我国商业银行法规定，商业银行可以从事证券、信托等业务。（　　）
11. 我国目前金融业实行分业经营、分业管理。（　　）
12. 我国商业银行可以购买中央政府和地方政府债券。（　　）
13. 商业银行的安全性和赢利性经营原则是同方向变化的。（　　）
14. 商业银行的流动性和赢利性经营原则是反方向变化的。（　　）
15. 商业银行基本上是负债经营。（　　）

名词解释

1. 商业银行

2. 同业拆借

3. 再贴现

4. 贷款

5. 贴现

6. 中间业务

简答题

1. 简述商业银行的性质。

2. 分析商业银行的职能。

3. 简述商业银行的业务。

4. 分析商业银行证券投资的目的。

5. 简述票据贴现与银行贷款的区别。

论述题

试述商业银行的经营原则及其各原则之间的关系。

社会实践题

讨论题

1. 主题：商业银行开展的新业务使我们的生活发生了什么变化？

2. 要求：运用所学的商业银行业务知识，结合现实生活进行分析和思考，谈谈自己的感受。

3. 目的：认清加入世界贸易组织后，商业银行开展新业务是适应市场竞争的需要。

4. 建议：首先搜集相关资料；然后分组组织发言提纲；最后在全班进行讨论。

第七章

金融市场

单项选择题

1. 金融市场上的重要资金供给者是（　　）。

A. 各级政府　　B. 金融机构

C. 居民个人　　D. 中央银行

2. 同业拆借市场的参与者是（　　）。

A. 企业　　B. 政府部门

C. 金融机构　　D. 个人

3. 商业银行将其贴现收进的未到期票据向中央银行办理贴现的融资行为称为（　　）。

A. 贴现　　B. 再贴现

C. 转贴现　　D. 重贴现

4. 风险最小的长期金融工具是（　　）。

A. 公司债券　　B. 股票

C. 金融债券　　D. 政府债券

5. 下列说法错误的是（　　）。

A. 股票是一种所有权凭证，债券是一种债权凭证

B. 股票持有人有经营管理权，债券持有人则没有

C. 股票没有偿还期限，债券则有偿还期限

D. 股票和债券的收益分配形式是一样的

6. 融资期限在一年以内的短期金融交易市场是指（　　）。

A. 货币市场　　B. 资本市场

C. 外汇市场　　D. 黄金市场

7. 金融市场的交易对象是（　　）。

A. 商品　　B. 货币资金

C. 商业银行　　D. 金融机构

8. 金融市场最基本的功能是（　　）。

A. 融通资金　　B. 积累资金

C. 降低风险　　D. 宏观调控

9. 最典型、最规范、最重要的金融市场的组织形式是（　　）。

A. 证券中介机构　　B. 场外交易方式

C. 交易所方式　　D. 证券公司

10. （　　）是资金的供求双方直接见面，进行票据和证券的买卖、货币的借贷等。

A. 直接融资　　B. 贴现

C. 间接融资　　D. 贷款

11. 金融市场的管理者是（　　）。

A. 商业银行　　B. 中央银行

C. 政府部门　　D. 企业集团

多项选择题

1. 金融市场的特点是（　　）。

A. 交易对象的特殊性　　B. 交易方式的特殊性

C. 交易目的的特殊性　　D. 交易价格的特殊性

2. 金融市场按金融交易对象划分为（　　）等市场。

A. 票据市场　　B. 证券市场

C. 外汇市场　　D. 黄金市场

3. 票据主要分为（　　）。

A. 汇票　　B. 支票

C. 本票　　D. 期票

4. 直接金融工具包括（　　）。

A. 政府债券　　B. 公司债券

C. 公司股票　　D. 金融债券

5. 货币市场按交易内容不同可以分为（　　）等市场。

A. 票据市场　　B. 同业拆借市场

C. 短期债券市场　　D. 可转让大额定期存单市场

6. 资本市场可以分为（　　）等市场。

A. 中长期借贷市场　　B. 同业拆借市场

C. 证券发行市场　　D. 证券流通市场

7. 外汇市场的参与者主要有（　　）。

A. 各国中央银行　　B. 外汇银行

C. 外汇经纪人　　D. 进出口商

8. 金融市场的主体包括（　　）。

A. 居民个人　　B. 企业

C. 各级政府　　D. 金融机构

9. 根据投资对象的不同，投资基金可分为（　　）。

A. 股票基金　　B. 债券基金

C. 货币市场基金　　D. 期货基金

10. 短期金融工具包括（　　）。

A. 票据　　B. 短期债券

C. 可转让大额定期存单　　D. 信用卡

11. 长期金融工具包括（　　）。

A. 各种基金　　B. 股票

C. 债券　　D. 票据

12. 短期金融工具具有（　　）等特点。

A. 期限短　　B. 风险小

C. 流动性弱　　D. 收益大

13. 短期债券市场上交易的主要对象是（　　）。

A. 国库券　　B. 短期公司债券

C. 短期金融债券　　D. 票据

14. 长期金融工具具有（　　）等特点。

A. 期限短　　B. 风险小

C. 流动性弱　　D. 收益大

判断改错题

1. 直接金融工具是由金融机构发行的，目的是集聚可用于贷放的资金。（　）

2. 货币市场具有流动性大、变现能力强、风险性大的特征。（　）

3. 资本市场具有流动性小、周转期长、风险性大的特征。（　）

4. 金融机构是金融市场上的资金供给者，不是资金需求者。（　）

5. 金融市场具有较大风险，同时又具备分散风险的功能。（　）

6. 金融工具没有风险。（　）

7. 短期金融工具具有期限短、风险小、流动性强、收益大等特征。（　）

8. 银行间的同业拆借交易一般没有固定的场所，主要通过电讯手段成交，是一种典型的无形市场。（　）

9. 中央银行参与金融市场主要是资金供给者。（　）

10. 开放式基金是指基金设立后，投资者可以随时申购或赎回基金单位，基金规模不固定的投资基金。（　）

名词解释

1. 金融市场

2. 间接融资

3. 金融工具

4. 货币市场

5. 资本市场

6. 直接融资

简答题

1. 金融市场的特点有哪些？

2. 金融市场的构成要素有哪些？

3. 金融工具的特征有哪些？

4. 货币市场的主要内容有哪些？

5. 货币市场的特点是什么？

论述题

试论述金融市场的功能。

社会实践题

1. 主题：应如何安排自己暂时闲置的资金，以寻求最大的收益。

2. 要求：运用所学的金融和财政知识及自己在日常生活的所见所闻，访问自己的父母及亲朋，作出分析和判断。

3. 目的：正确认识金融市场。

4. 建议：根据自己的投资偏好搜集有关资料，分组准备发言提纲，教师组织全班讨论。

第八章

保　　险

单项选择题

1. 自然灾害和（　　）的客观存在，是保险产生的必要条件。

A. 死亡　　B. 伤残

C. 疾病　　D. 意外事故

2. 保险的基本特征是（　　）。

A. 经济性　　B. 互助性

C. 法律性　　D. 科学性

3. 保险最基本的职能是（　　）。

A. 经济补偿职能　　B. 分散风险职能

C. 融通资金职能　　D. 防灾防损职能

4. 在保险合同中，确定保险关系和保险责任的依据是（　　）。

A. 保险金额　　B. 保险期限

C. 保险标的　　D. 保险费

5. 保险按性质分类可分为商业保险和（　　）等。

A. 社会保险　　B. 普通保险

C. 法定保险　　D. 自愿保险

6. 投保人的主要义务是（　　）。

A. 承担赔偿　　B. 给付保险金

C. 获得赔偿　　D. 缴纳保险费

7. 健康保险是（　　）。

A. 长期保险　　B. 短期保险

C. 财产保险　　D. 责任保险

8. 我国财产保险的主要险种是（　　）。

A. 企业财产保险　　B. 家庭财产保险

C. 机动车辆保险　　D. 第三者责任险

9. （　　）的保险产品主要是对受保人寿命或健康状况预期而提供的健康保险、伤残保险、年金、养老基金、退休金等保险产品。

A. 人寿保险公司　　B. 财产保险公司

C. 再保险公司　　D. 政策性保险

10. 按照是否营利分类，保险公司可分为（　　）和政策性保险公司。

A. 人寿保险公司　　B. 商业保险公司

C. 财产保险公司　　D. 再保险公司

11. 被保险人是保险合同的（　　）。

A. 当事人　　B. 受益人

C. 关系人　　D. 保险人

12. （　　）是指国家通过立法，为社会成员提供经济保障的一种制度。

A. 互助保险　　B. 合作保险

C. 社会保险　　D. 商业保险

13. 投保人是保险合同的（　　）。

A. 当事人　　B. 受益人

C. 关系人　　D. 保险人

14. 保险合同生效的重要条件是（　　）。

A. 保险金额　　B. 保险期限

C. 保险标的　　D. 支付保险费

15. 保险理赔的程序一般包括受理审核调查取证等环节，其最后应该是（　　）。

A. 审批给付　　B. 注销保险单

C. 计算给付金额　　D. 责任审核

多项选择题

1. 保险的特征是（　　）。

A. 经济性　　B. 互助性

C. 法律性　　D. 科学性

2. 保险按标的分类可分为（　　）等。

A. 财产保险　　B. 人身保险

C. 责任保险　　D. 保证保险

3. 保险合同的当事人包括（　　）等。

A. 保险人　　B. 投保人

C. 被保险人　　D. 受益人

4. 保险合同的形式主要有（　　　）。

A. 投保单　　B. 保险单

C. 暂保单　　D. 保险凭证

5. 人身保险可划分为（　　　）三种。

A. 人寿保险　　B. 意外伤害保险

C. 健康保险　　D. 责任保险

6. 责任保险包括（　　　）。

A. 产品责任保险　　B. 雇主责任保险

C. 职业责任保险　　D. 公众责任保险

7. 从保险定义的外延看，保险可分为（　　　）。

A. 互助保险　　B. 合作保险

C. 社会保险　　D. 商业保险

8. 保险的职能是（　　　）。

A. 经济补偿职能　　B. 分散风险职能

C. 融通资金职能　　D. 防灾防损职能

9. 保险合同的基本特征有（　　　）等。

A. 双务合同　　B. 特殊的有偿合同

C. 附和合同　　D. 最大诚信合同

10. 保险合同的基本原则有（　　　）等。

A. 可保利益原则　　B. 最大诚信原则

C. 损失补偿原则　　D. 近因原则

11. 保险合同的要素包括（　　　）。

A. 保险合同的主体　　B. 保险公司

C. 保险合同的客体　　D. 保险合同的内容

12. 保险合同作为合同的一种，具有的一般特征是（　　　）。

A. 最大诚信合同　　B. 当事人必须具有民事行为能力

C. 当事人处于平等地位　　D. 合同必须合法

13. 保险合同的关系人包括（　　　）等。

A. 保险人　　B. 投保人

C. 被保险人　　D. 受益人

14. 下列属于人身保险的险种是（　　　）。

A. 第三者责任险　　B. 人寿保险

C. 意外伤害保险　　D. 健康保险

判断改错题

1. 商业保险公司以市场经济原则来经营保险，但不以营利为目的。（　　）

2. 保险是一种非商业行为。（　　）

3. 商品货币经济的发展是保险产生和确立的经济基础。 （ ）
4. 保险合同有补偿性合同和给付性合同两种。 （ ）
5. 财产保险合同属于给付性合同。 （ ）
6. 人寿保险合同属于补偿性合同。 （ ）
7. 保险合同保障的是保险标的本身。 （ ）
8. 保险合同的内容就是双方当事人权利、义务的具体化。 （ ）
9. 保险合同的承诺通常由投保人提出。 （ ）
10. 保险的经济补偿职能能够增加社会财富。 （ ）
11. 保险合同的受益人等同于继承人。 （ ）
12. 家庭财产保险是我国财产保险的主要险种。 （ ）

名词解释

1. 保险

2. 保险合同

3. 投保人

4. 保险单

5. 保险理赔

简答题

1. 简述保险的基本特征。

2. 简述保险的职能。

3. 简述保险合同的特征。

4. 简述保险合同的基本要素。

5. 保险理赔的程序是怎样的？

论述题

请说说你所了解的保险公司的保险业务。

社会实践题

1. 主题：调查几家商业保险公司开展的保险业务。

2. 要求：运用所学的保险知识，结合市场实际，进行分析和思考，谈谈自己的切身感受。

3. 目的：熟悉目前商业保险的基本业务，比较不同保险公司的业务重点。

4. 建议：首先搜集相关资料，然后分组组织发言提纲，最后在全班进行讨论。

第九章

国际金融

单项选择题

1. 当一国国际收入大于国际支出，有盈余时，称为（　　）。

A. 国际收支顺差　　B. 国际收支逆差

C. 国际收支平衡　　D. 盈余

2. 当一国国际支出大于国际收入，有赤字时，称为（　　）。

A. 国际收支顺差　　B. 国际收支逆差

C. 国际收支平衡　　D. 盈余

3. 一国国际收支平衡表中最基本、最重要的项目是（　　）。

A. 经常账户　　B. 资本和金融账户

C. 错误和遗漏账户　　D. 资产和负债账户

4. 我国人民币汇率采用（　　）标价法。

A. 直接标价法　　B. 间接标价法

C. 美元标价法　　D. 套算标价法

5. 现行的人民币汇率实行以市场供求为基础、参考一篮子货币进行调节、有管理的（　　）。

A. 固定汇率制　　B. 浮动汇率制度

C. 单一汇率制　　D. 复式汇率制

6. 当一国出现国际收支持续逆差时，在外汇市场上表现为外汇需求大于供应，则外汇汇率（　　）。

A. 上升　　B. 下降

C. 保持不变　　D. 都不是

7. 利率的上升会引起本国货币汇率的（　　）。

A. 上升　　B. 下降

C. 保持不变　　D. 没有影响

8. 当总需求增长快于总供给时，本国货币汇率一般呈（　　）趋势。

A. 上升　　B. 下降

C. 保持不变　　D. 不会影响

9. 当一国发生通货膨胀时，则会导致外汇汇率（ ）。

A. 上涨　　B. 下降

C. 保持不变　　D. 没有影响

10. 目前我国实行人民币在（　　）下的可自由兑换。

A. 经常项目　　B. 资本项目

C. 金融项目　　D. 所有项目

11. 影响汇率的最根本的因素是（　　）。

A. 一国的经济状况　　B. 国际收支

C. 通货膨胀　　D. 利率水平

多项选择题

1. 外汇具体包括（　　）。

A. 外国货币　　B. 外币支付凭证

C. 外币有价证券　　D. 其他外汇资金

2. 一国的官方储备（储备资产）总额的主要形式有（　　）。

A. 外汇储备　　B. 黄金储备

C. 外币汇票　　D. 特别提款权

3. 汇率的标价方法有（　　）。

A. 直接标价法　　B. 间接标价法

C. 美元标价法　　D. 套算标价法

4. 国际收支平衡表中经常账户包括的项目有（　　）。

A. 货物　　B. 服务

C. 收入　　D. 经常转移

5. 主要的国际金融机构有（　　）。

A. 国际货币基金组织　　B. 世界银行

C. 亚洲开发银行　　D. 中国银行

6. 影响汇率变动的经济因素有（　　）。

A. 国际收支状况　　B. 利率水平变动

C. 外汇投机活动　　D. 通货膨胀程度

判断改错题

1. 汇率就是本国货币的特殊价格。 ( )

2. 除美国和英国采用直接标价法外，世界上大多数国家采用间接标价法。 ( )

3. 现行的人民币汇率是固定汇率。 ( )

4. 股东会是国际货币基金组织的最高权力机构。 ( )

5. 人民币是自由兑换货币。 ( )

6. 当一国出现国际收支顺差时，在外汇市场上表现为外汇供应大于需求，使本国货币汇率下降。 ( )

7. 以一定单位的外国货币折合成若干单位的本国货币的标价方法称为间接标价法。 ( )

8. 国际储备增加会导致外汇汇率下跌。 ( )

9. 外国货币就是外汇。 ( )

名词解释

1. 国际收支

2. 外汇

3. 汇率

4. 直接标价法

5. 间接标价法

简答题

1. 影响汇率变动的因素有哪些？

2. 简述国际收支平衡表的主要内容。

3. 简述国际货币基金组织的宗旨。

4. 汇率的标价方法有哪些，各自有什么特点？

论述题

结合当前实际，论述我国国际收支的特点。

社会实践题

1. 主题：我国人民币在国际市场上是否可作为外汇使用，为什么？

2. 要求：通过所学的外汇知识，对我国人民币在国际金融市场上的地位，提出自己的看法。

3. 目的：明确人民币在国际上的地位。

4. 建议：在教师的指导下搜集材料，分组准备发言提纲，组织全班讨论，最后由教师作总结。

第十章

财政政策与货币政策

单项选择题

1. 在财政政策工具中，影响经济稳定增长的决定性因素是（　　）。

A. 税收　　B. 政府投资

C. 财政补贴　　D. 国债

2. 通过减少财政收入，扩大财政支出来增加和刺激社会总需求的财政政策称为（　　）。

A. 扩张性财政政策　　B. 紧缩性财政政策

C. 中性财政政策　　D. 经济性财政政策

3. 通过增加财政收入，减少财政支出来减少和抑制社会总需求的财政政策称为（　　）。

A. 扩张性财政政策　　B. 紧缩性财政政策

C. 中性财政政策　　D. 经济性财政政策

4. 沟通财政政策和货币政策的主要载体是（　　）。

A. 税收　　B. 财政支出

C. 国债　　D. 政府投资

5. 我国的货币政策目标是（　　）。

A. 稳定物价　　B. 充分就业

C. 稳定币值，并以此促进经济增长　　D. 经济增长

6. 中央银行最基础、最重要的货币政策工具是（　　）。

A. 法定存款准备金率　　B. 再贴现政策

C. 公开市场业务　　D. 利率最高限

7. 通过降低法定存款准备金率、降低再贴现率等增加和刺激社会总需求的货币政策称为（　　）。

A. 扩张性货币政策
B. 紧缩性货币政策
C. 中性货币政策
D. 经济性货币政策

8. 通过提高法定存款准备金率、提高再贴现率等减少和抑制社会总需求的货币政策称为（　　）。

A. 扩张性财政政策
B. 紧缩性货币政策
C. 中性货币政策
D. 经济性货币政策

9. 中央银行在金融市场上买进或卖出有价证券，借以调节货币供应量的货币政策工具是（　　）。

A. 法定存款准备金
B. 再贴现
C. 公开市场业务
D. 利率

10. 财政政策与货币政策的实施主体是（　　）。

A. 政府
B. 企业
C. 银行
D. 个人

11. 当社会总需求大于社会总供给时，应实行的财政货币政策是（　　）。

A. “双紧”政策
B. “松”财政“紧”货币政策
C. “双松”政策
D. “松”货币“紧”财政政策

12. 当社会总需求小于社会总供给时，应实行的财政货币政策是（　　）。

A. “双紧”政策
B. “松”财政“紧”货币政策
C. “双松”政策
D. “松”货币“紧”财政政策

多项选择题

1. 财政政策包括（　　）。

A. 财政政策主体
B. 财政政策机制
C. 财政政策目标
D. 财政政策工具

2. 财政政策的目标是（　　）。

A. 物价稳定
B. 充分就业
C. 经济增长
D. 公平收入分配

3. 财政政策工具是（　　）。

A. 利率
B. 税收
C. 国债
D. 政府投资

4. 一般性货币政策工具包括（　　）。

A. 法定存款准备金率
B. 再贴现
C. 公开市场业务
D. 再贷款

5. 财政政策调节的侧重点是（　　）。

A. 结构
B. 经济利益的公平分配
C. 物价稳定
D. 分配领域

6. 货币政策调节的侧重点是（　　）。

A. 流通领域　　B. 总量

C. 分配领域　　D. 物价稳定

7. 属于“双松”财政货币政策措施的是（　　）。

A. 减少税收　　B. 扩大财政支出

C. 降低利率　　D. 提高法定存款准备金率

8. 属于“双紧”财政货币政策措施的是（　　）。

A. 增加税收　　B. 扩大财政支出

C. 降低利率　　D. 提高法定存款准备金率

9. 货币政策的目标是（　　）。

A. 稳定物价　　B. 充分就业

C. 经济增长　　D. 公平分配

10. 在经济增长停滞，且出现通货膨胀的条件下，如果政府选择的是以抑制通货膨胀为主要的政策目标，那么应选择（　　）的松紧政策组合。

A. 松财政　　B. 松货币

C. 紧财政　　D. 紧货币

11. 在经济增长停滞，且出现通货膨胀的条件下，如果政府选择的是以启动闲置资源，促进经济增长为主要的政策目标，那么应选择（　　）的松紧政策组合。

A. 松财政　　B. 松货币

C. 紧财政　　D. 紧货币

12. 政府公平收入分配的财政政策工具是（　　）。

A. 税收　　B. 利率

C. 国债　　D. 政府转移支付

判断改错题

1. 目前我国财政政策的制定者是中央政府。（　　）

2. 充分就业就是说所有的劳动者都有固定职业。（　　）

3. 国债作为主要的财政政策工具，其调节具有权威性。（　　）

4. 可以协调财政货币政策体系的政策工具是政府投资。（　　）

5. 税收是政府公平收入分配的重要手段。（　　）

6. 扩张性财政政策是指通过增加财政收入，减少财政支出来减少和抑制总需求的财政政策。（　　）

7. 紧缩性财政政策是指通过减少财政收入，扩大财政支出来增加和刺激社会总需求的财政政策。（　　）

8. 我国的货币政策目标是保持货币币值的稳定，并以此促进经济增长。（　　）

9. 扩张性货币政策是指通过提高法定存款准备金率、提高再贴现率、中央银行在公开市场业务中卖出有价证券及中央银行提高存放款利率等手段，抑制或减少社会货币供应量进而减少社会总需求的政策。（　　）

10. 紧缩性货币政策是指通过降低法定存款准备金率、降低再贴现率、中央银行在公开市场业务中收购有价证券及中央银行降低存放款利率等手段，增加社会货币供应量进而刺激社会总需求增加的政策。（　　）

11. 再贴现政策是中央银行最基础、最重要的调控手段。（　　）

12. 财政政策侧重在流通领域通过财政收支的增减来实现对经济运行的调节。（　　）

13. 货币政策侧重在分配领域通过对货币供应量的调节来实现对经济运行的调节。（　　）

14. 财政政策侧重于提高经济运行效率，货币政策侧重于经济利益的公平分配。（　　）

15. 财政政策调节的侧重点是结构，货币政策调节的侧重点是总量。（　　）

16. 财政政策侧重于物价稳定，货币政策侧重于经济增长。（　　）

名词解释

1. 财政政策

2. 货币政策

3. 财政政策工具

4. 货币政策工具

5. 公开市场业务

简答题

1. 简述我国的财政政策目标。

2. 财政政策工具有哪些？其具体内容是什么？

3. 简述我国的货币政策目标。

4. 一般性货币政策工具有哪些？其具体内容是什么？

论述题

1. 试述财政政策与货币政策协调配合的基本形式及效应。

2. 试分析财政政策与货币政策对微观经济的影响。

社会实践题

1. 主题：我国当前财政政策和货币政策对宏观经济的调控效果。

2. 要求：（1）运用本章所学的基本知识，对我国近几年社会经济生活中的典型事例进行分析；（2）联系当前的社会经济形势及自己的亲身感受，谈谈自己的认识和想法。

3. 目的：进一步理解我国政府的宏观调控能力。

4. 建议：（1）教师必须对我国当前的经济形势进行分析，引导学生分析问题；（2）分成若干小组，准备调查提纲；（3）分组访问自己的父母、亲朋好友；翻阅报刊杂志、上网等收集资料；（4）将搜集到的资料写成发言材料；（5）以小组为单位进行专题座谈，在座谈的基础上选出发言人，最后由教师组织全班召开专题座谈会，并邀请校长、其他教师参加。

模拟试题（一）

一、单项选择题（15 分）

1. 以下属于准公共产品的是（　　）。

A. 行政管理　　B. 国防设施
C. 基础教育　　D. 高等教育

2. 财政分配的目的是（　　）。

A. 满足政府的需要　　B. 满足社会公共需要
C. 满足企业的需要　　D. 满足个人的需要

3. 财政稳定经济职能的主要任务是（　　）。

A. 充分就业　　B. 物价稳定
C. 调节总供给与总需求的平衡　　D. 经济增长

4. 财政分配的主要对象是（　　）。

A. C　　B. V
C. M　　D. C + M

5. 我国财政收入的产业构成中，（　　）是财政收入的主要来源。

A. 第一产业　　B. 第二产业
C. 第三产业　　D. 交通运输业

6. 一种税区别于另一种税的标志主要是（　　）。

A. 征税对象不同　　B. 税源不同
C. 税率不同　　D. 纳税人不同

7. 我国地方总预算由（　　）级总预算组成。

A. 一级　　B. 二级
C. 三级　　D. 四级

8. 解决在预算执行中某些临时性急需和事前难以预料的特殊开支而进行预算调整的方法，应为（　　）。

A. 动用预备费　　B. 预算的追加
C. 经费流用　　D. 预算划转

9. 我国金融体系的核心是（　　）。

A. 商业银行　　B. 中央银行

C. 政策性银行　　D. 非金融机构

10. 货币最基本的职能是（　　）。

A. 价值尺度和支付手段　　B. 价值尺度和流通手段

C. 流通手段和支付手段　　D. 价值尺度和储藏手段

11. 当名义利率为10%，物价上涨率为6%，则实际利率为（　　）。

A. 10%　　B. 6%

C. 16%　　D. 4%

12. 我国的中央银行是（　　）。

A. 中国工商银行　　B. 中国银行

C. 中国人民银行　　D. 中国建设银行

13. 商业银行将其贴现收进的未到期票据向中央银行办理贴现的融资行为称为（　　）。

A. 贴现　　B. 再贴现

C. 转贴现　　D. 重贴现

14. 当一国国际收入大于国际支出出现盈余时，称为（　　）。

A. 国际收支顺差　　B. 国际收支逆差

C. 国际收支平衡　　D. 盈余

15. 通过增加财政收入，减少财政支出来减少和抑制社会总需求的财政政策称为（　　）。

A. 扩张性财政政策　　B. 紧缩性财政政策

C. 中性财政政策　　D. 经济性财政政策

二、多项选择题（15分）

1. 财政调节居民个人收入水平，主要的手段是（　　）。

A. 税收　　B. 国债

C. 政府投资　　D. 转移支付

2. 我国社会保险的内容包括（　　）。

A. 养老保险　　B. 工伤保险

C. 失业保险　　D. 医疗保险

3. 政府非税收入包括（　　）。

A. 政府性基金收入　　B. 行政事业性收费

C. 国债　　D. 国有资本经营收入

4. 我国政府预算由（　　）组成。

A. 中央预算　　B. 省市总预算

C. 地方预算　　D. 县总预算

5. 货币形式的发展，大体上经历了（　　）等几种形式。

A. 实物货币　　B. 金属货币

C. 代用货币　　D. 信用货币

6. 货币流通的形式包括（　　）。

A. 现金流通　　B. 非现金流通

C. 财政收支　　D. 信贷收支

7. 商业银行的资产业务包括（　　）。

A. 现金资产　　B. 贷款

C. 票据贴现　　D. 证券投资

8. 商业银行的借款业务主要有（　　）等几种形式。

A. 向中央银行借款　　B. 同业拆借

C. 金融债券　　D. 从国际金融市场借款

9. 保险合同的当事人包括（　　）等。

A. 保险人　　B. 投保人

C. 被保险人　　D. 受益人

10. 外汇市场的参与者主要有（　　）。

A. 各国中央银行　　B. 外汇银行

C. 外汇经纪人　　D. 进出口商

11. 短期金融工具包括（　　）。

A. 票据　　B. 短期债券

C. 可转让大额定期存单　　D. 长期债券

12. 金融市场的主体包括（　　）。

A. 居民个人　　B. 企业

C. 各级政府　　D. 金融机构

13. 国际信用包括（　　）等。

A. 国际商业信用　　B. 国际银行信用

C. 国际金融机构信用　　D. 国际直接信用

14. 财政政策的目标是（　　）。

A. 物价稳定　　B. 充分就业

C. 经济增长　　D. 公平收入分配

15. 属于“双松”财政货币政策措施的是（　　）。

A. 减少税收　　B. 扩大财政支出

C. 降低利率　　D. 提高法定存款准备金率

三、判断改错题（15 分）

1. 在收入分配方面，市场经济是可以兼顾社会公平的。（　　）

2. 在市场经济体制下，对社会资源的配置侧重政府配置方式。（　　）

3. 政府采购适用于一切使用财政资金的单位。（　　）

4. 在财政支出中，购买性支出的比重越大，政府对生产和就业的影响则越小。（　　）

5. 个体工商户的经营所得应缴企业所得税。（　）

6. 国债产生最主要的原因是筹集建设资金。（　）

7. 政府决算是预算计划管理的起点。（　）

8. 政府预算是由政府编制的财政年度财政收入和财政支出的计划，是政府的基本财政计划。（　）

9. 商品经济是金融高度发展的产物。（　）

10. 信用就是人与人之间的一种信任程度。（　）

11. 经济衰退都是由通货紧缩造成的。（　）

12. 商业银行最主要的资产业务是证券投资。（　）

13. 直接金融工具是由金融机构发行的，目的是集聚可用于贷放的资金。（　）

14. 当一国出现国际收支顺差时，在外汇市场上表现为外汇供应大于需求，使本国货币汇率下降。（　）

15. 充分就业就是说所有的劳动者都有固定职业。（　）

四、名词解释（15分）

1. 财政

2. 纳税人

3. 利息

4. 商业银行

5. 货币制度

五、简答题（25 分）

1. 简述公共产品的特征。

2. 我国政府预算体系是如何构成的？

3. 简述货币流通与商品流通的关系。

4. 金融市场的构成要素有哪些？

5. 影响汇率变动的因素有哪些？

六、计算题（5分）

某储户2008年12月1日存入3年期定期储蓄存款5000元，年利率3.33%，试计算到期银行应付多少利息？

七、论述题（10分）

试述财政政策与货币政策协调配合的基本模式及效应。

模拟试题（二）

一、单项选择题（15 分）

1. 属于纯公共产品的是（　　）。
   A. 高等教育　　B. 公共汽车
   C. 行政国防　　D. 高速公路
2. 财政配置资源的职能是要实现资源配置最大的（　　）。
   A. 经济效益　　B. 社会效益
   C. 经济效益和社会效益　　D. 微观效益
3. 财政支出中的文教科卫社会公共事业支出属于（　　）
   A. 购买性支出　　B. 转移性支出
   C. 建设性支出　　D. 积累性支出
4. 国债最基本的作用是（　　）。
   A. 筹集建设资金　　B. 调节经济
   C. 弥补财政赤字　　D. 收入分配
5. 影响市场利率最直接最明显的因素是（　　）。
   A. 借贷资金供求状况　　B. 通货膨胀率
   C. 国家经济政策　　D. 国际利率水平
6. 如果流通市场货币量过多，会造成（　　）。
   A. 商品供不应求，物价上涨　　B. 商品供过于求，物价下跌
   C. 商品供需平衡，物价稳　　D. 没有影响
7. 目前我国现金回笼的主要渠道是（　　）。
   A. 服务回笼　　B. 商品回笼
   C. 财政回笼　　D. 信用回笼
8. 处于一国金融体系主体地位的金融机构是（　　）。
   A. 中央银行　　B. 商业银行
   C. 政策性银行　　D. 专业银行
9. 商业银行最基本的职能是（　　）。
   A. 支付中介职能　　B. 信用中介职能

C. 信用创造职能　　D. 流通中介职能

10. 金融市场上的重要资金供给者是（　　）。

A. 各级政府　　B. 金融机构

C. 居民个人　　D. 中央银行

11. 风险最小的长期金融工具是（　　）。

A. 公司债券　　B. 股票

C. 金融债券　　D. 政府债券

12. 当一国国际支出大于国际收入出现亏空时，称为（　　）。

A. 国际收支顺差　　B. 国际收支逆差

C. 国际收支平衡　　D. 盈余

13. 当今世界上大多数国家都采用（　　）。

A. 间接标价法　　B. 直接标价法

C. 美元标价法　　D. 套算标价法

14. 沟通财政政策和货币政策的主要载体是（　　）。

A. 税收　　B. 国债

C. 财政支出　　D. 政府投资

15. 我国的货币政策目标是（　　）。

A. 稳定物价　　B. 充分就业

C. 稳定币值，并以此促进经济增长　　D. 经济增长

二、多项选择题（15 分）

1. 属于外部负效应的社会现象是（　　）。

A. 污染企业　　B. 卷烟企业

C. 农业科研　　D. 基础教育

2. 在市场经济条件下，政府的职能是（　　）。

A. 收入分配职能　　B. 政治职能

C. 经济职能　　D. 社会职能

3. 政府投资的特点是（　　）。

A. 宏观性　　B. 公共性

C. 示范性和引导性　　D. 效益的双重性

4. 下列支出中属于购买性支出的项目有（　　）。

A. 政府投资支出　　B. 一般公共服务支出

C. 文教科卫支出　　D. 社会保障支出

5. 我国税种按其征税对象分类，可以划分为（　　）。

A. 对资源征税　　B. 流转税

C. 所得税　　D. 财产和行为税

6. 财政收入的形式包括（　　）。

A. 税收收入　　B. 政府非税收入
C. 债务收入　　D. 其他收入

7. 政府预算具有如下特征（　　）。
A. 预测性　　B. 法律性
C. 综合性　　D. 间接性

8. 政府预算执行的组织机构是（　　）。
A. 各级政府　　B. 各级财政部门
C. 海关　　D. 税务机关

9. 中央银行作为政府银行主要表现在（　　）。
A. 代理国库收支　　B. 代理政府发行债券
C. 保管国家外汇和黄金储备　　D. 制订金融管理法规

10. 商业银行的盈利性资产包括（　　）。
A. 现金资产　　B. 贷款
C. 票据贴现　　D. 证券投资

11. 保险的职能是（　　）。
A. 经济补偿职能　　B. 分散风险职能
C. 融通资金职能　　D. 防灾防损职能

12. 下列属于人身保险的险种是（　　）。
A. 第三者责任险　　B. 人寿保险
C. 意外伤害保险　　D. 健康保险

13. 金融市场按金融交易对象划分为（　　）等市场。
A. 票据市场　　B. 证券市场
C. 外汇市场　　D. 黄金市场

14. 外汇按能否自由兑换可分为（　　）。
A. 自由外汇　　B. 贸易外汇
C. 记账外汇　　D. 非贸易外汇

15. 财政政策的目标是（　　）。
A. 物价稳定　　B. 充分就业
C. 经济增长　　D. 公平收入分配

三、判断改错题（15 分）

1. 准公共产品也同时完全具备非排他性和非竞争性。（　　）
2. 在财政支出中，购买性支出的比重越大，政府对生产和就业的影响则越小。（　　）
3. 农业是国民经济的基础，也是财政收入的主要来源。（　　）
4. 政府预算反映全社会的财力来源、规模和使用方向。（　　）
5. 利息实质上是利润的一部分。（　　）
6. 我国的储蓄存款主要对企业单位和个人办理。（　　）

7. 商品货币经济的发展是保险产生和确立的经济基础。 ( )

8. 保险的经济补偿职能能够增加社会财富。 ( )

9. 银行间的同业拆借交易一般没有固定的场所，主要通过电讯手段成交，是一种典型的无形市场。 ( )

10. 货币市场具有流动性大、变现能力强、风险性大的特征。 ( )

11. 金融机构是金融市场上的资金供给者，不是资金需求者。 ( )

12. 现行的人民币汇率是固定汇率。 ( )

13. 外汇就是外币。 ( )

14. 税收是政府公平收入分配的重要手段。 ( )

15. 财政政策侧重在流通领域通过财政收支的增减来实现对经济运行的调节。 ( )

四、名词解释（15 分）

1. 财政补贴

2. 政府预算

3. 保险合同

4. 金融工具

5. 财政政策

五、简答题（25 分）

1. 我国社会保障制度的内容是什么？

2. 税收与罚款都是财政收入的一种形式，都具有强制性和无偿性，二者性质一样吗？为什么？

3. 简述利息的作用。

4. 简述商业银行的主要业务。

5. 财政政策工具有哪些？其具体内容是什么？

六、计算题（5 分）

某企业用未到期商业汇票向银行申请贴现，贴现率为 4%，商业汇票出票日是上年 4 月 10 日，期限为 1 年，票面金额为 5 万元，贴现日是本年 1 月 10 日。试问该企业实际获得多少贴现款项？

七、论述题（10 分）

试述通货膨胀对社会经济的影响及治理对策。

模拟试题（三）

一、单项选择题（15 分）

1. 财政是一种（　　）的经济行为。

A. 社会　　B. 政府

C. 企业　　D. 个人

2. 财政分配的主要对象是（　　）。

A. C　　B. V

C. m　　D. C + m

3. 财政支出中的文教科卫社会公共事业支出属于（　　）。

A. 购买性支出　　B. 转移性支出

C. 建设性支出　　D. 积累性支出

4. 政府有关部门收取的养路费属于（　　）。

A. 企业收入　　B. 行政事业性收费

C. 专项收入　　D. 政府性基金收入

5. 从国民经济部门构成分析，财政收入主要来源于（　　）。

A. 工业部门　　B. 农业部门

C. 交通运输部门　　D. 商业部门

6. 把全部的预算收支按经济性质汇编入两个以上的收支对照表，从而编成两个以上的预算称为（　　）。

A. 零基预算　　B. 绩效预算

C. 单式预算　　D. 复式预算

7. 现代主体信用形式是（　　）。

A. 银行信用　　B. 国家信用

C. 商业信用　　D. 消费信用

8. 一般而言，在本金、期限确立的条件下，利息的多少决定于（　　）。

A. 利率的高低　　B. 计息方法

C. 期限长短　　D. 资金使用效率

9. 具有现代企业基本特征的银行是（　　）。

A. 中央银行 B. 商业银行
C. 政策性银行 D. 其他金融机构

10. 商业银行最重要的负债业务是（　　）。
A. 现金 B. 贷款
C. 银行借款 D. 吸收存款

11. 自然灾害和（　　）的客观存在，是保险产生的必要条件。
A. 死亡 B. 伤残
C. 疾病 D. 意外事故

12. 金融市场上的主要资金供给者是（　　）。
A. 各级政府 B. 金融机构
C. 个人 D. 中央银行

13. 一国国际收支平衡表中最基本、最重要的项目是（　　）。
A. 经常账户 B. 资本和金融账户
C. 错误和遗漏账户 D. 资产和负债账户

14. 人民币汇率采用（　　）。
A. 直接标价法 B. 间接标价法
C. 美元标价法 D. 套算标价法

15. 国债最基本的作用是（　　）。
A. 筹集建设资金 B. 调节经济
C. 弥补财政赤字 D. 收入分配

二、多项选择题（15 分）

1. 纯公共产品具有以下特征（　　）。
A. 非排他性 B. 排他性
C. 非竞争性 D. 竞争性

2. 我国社会保险的内容包括（　　）。
A. 养老保险 B. 工伤保险
C. 失业保险 D. 医疗保险

3. 财政补贴的特征是（　　）。
A. 政策性 B. 时效性
C. 可控性 D. 法律性

4. 国债利率的高低，主要取决于（　　）。
A. 企业利润水平 B. 金融市场利率
C. 社会资金可供量 D. 政府信誉

5. 政府预算管理体制的内容包括（　　）。
A. 政府预算的编制 B. 政府预算收支的划分
C. 政府预算的执行 D. 政府预算管理权限的划分

6. 政府预算按编制方法划分，可分为（　　）。

A. 总预算　　B. 单位预算

C. 零基预算　　D. 绩效预算

7. 货币的职能是（　　）。

A. 价值尺度　　B. 支付手段

C. 流通手段　　D. 贮藏手段

8. 保险的特征是（　　）。

A. 经济性　　B. 互助性

C. 法律性　　D. 科学性

9. 商业银行的不良贷款包括（　　）。

A. 关注贷款　　B. 次级贷款

C. 可疑贷款　　D. 损失贷款

10. 金融市场的主体包括（　　）。

A. 个人　　B. 企业

C. 各级政府　　D. 金融机构

11. 商业银行开展证券投资业务的目的是（　　）。

A. 分散风险　　B. 取得收益

C. 保持清偿力　　D. 保持资产的流动性

12. 货币市场的金融工具也就是短期金融工具，主要有（　　）等。

A. 商业票据　　B. 股票

C. 银行承兑汇票　　D. 中长期公债

13. 影响汇率变动的经济因素有（　　）。

A. 国际收支状况　　B. 利率水平变动

C. 外汇投机活动　　D. 通货膨胀程度

14. 财政政策工具是（　　）。

A. 利率　　B. 税收

C. 国债　　D. 政府投资

15. 财政政策调节的侧重点是（　　）。

A. 结构　　B. 经济利益的公平分配

C. 弥补市场缺陷　　D. 分配领域

三、判断改错题（15 分）

1. 在市场经济体制下，对社会资源的配置侧重政府配置方式。（　　）

2. 随着我国社会保障体系的建立和完善，转移性支出的总量占财政支出的比重将不断减少。（　　）

3. 政府采购适用于一切使用财政资金的单位。（　　）

4. 缴纳增值税的企业必然缴纳消费税。（　　）

5. 各级人民政府是审查、批准预算、决算的权力机关。 (　　)

6. 地方预算在政府预算体系中占主导地位。 (　　)

7. 商品经济是金融高度发展的产物。 (　　)

8. 信用货币可以与金属货币相兑换。 (　　)

9. 在货币流通的条件下，不会发生通货膨胀。 (　　)

10. 人民币是自由兑换货币。 (　　)

11. 金融市场具有较大风险，同时又具备分散风险的功能。 (　　)

12. 保险是一种非商业行为。 (　　)

13. 金融工具没有风险。 (　　)

14. 紧缩性财政政策是指通过减少财政收入，扩大财政支出来增加和刺激社会总需求的财政政策。 (　　)

15. 再贴现政策是中央银行最基础、最重要的调控手段。 (　　)

四、名词解释（15 分）

1. 公共产品

2. 政府采购

3. 政府预算

4. 保险

5. 直接标价法

五、简答题（25分）

1. 简述国债在现代经济中的作用。

2. 简述我国社会保障制度的主要内容。

3. 我国政府预算体系是如何构成的？

4. 货币市场的主要内容有哪些？

5. 保险理赔的程序是怎样的？

六、计算题（5分）

某企业债券以复利计算，年利率为10%，两年还本付息。某人购买5 000元债券，问两年后可得利息多少？

七、论述题（10分）

试述在市场经济体制下，财政职能的主要内容。

模拟试题（四）

一、单项选择题（15 分）

1. 财政配置资源的职能是要实现资源配置最大的（　　）。
   A. 经济效益　　B. 社会效益
   C. 经济效益和社会效益　　D. 微观效益
2. 我国的九年制义务教育在性质上属于（　　）。
   A. 公共产品　　B. 私人产品
   C. 准公共产品　　D. 既是公共产品，也是私人产品
3. 转移性支出的主要功能是（　　）。
   A. 实现收入分配的社会公平　　B. 合理配置资源
   C. 增加当期购买力　　D. 对就业有直接影响
4. 一种税区别于另一种税的标志主要是（　　）。
   A. 征税对象不同　　B. 税源不同
   C. 税率不同　　D. 纳税人不同
5. 政府基本财政收支计划是（　　）。
   A. 税收计划　　B. 企业财务收支计划
   C. 信贷收支计划　　D. 政府预算
6. 1994 年 1 月 1 日起，在全国范围内实行的预算管理体制是（　　）。
   A. 利改税　　B. 分税制
   C. 包干制　　D. 分灶吃饭
7. 现代主体信用形式是（　　）。
   A. 银行信用　　B. 国家信用
   C. 商业信用　　D. 消费信用
8. 商业银行最基本的职能是（　　）。
   A. 信用中介　　B. 支付中介
   C. 信用创造　　D. 金融服务
9. 商业银行最主要的资产业务是（　　）。
   A. 现金资产　　B. 贷款

C. 票据贴现　　D. 吸收存款

10. 保险的基本特征是（　　）。

A. 经济性　　B. 互助性

C. 法律性　　D. 科学性

11. 同业拆借市场的参与者是（　　）。

A. 企业　　B. 政府部门

C. 金融机构　　D. 个人

12. 下列说法错误的是（　　）。

A. 股票是一种所有权凭证，债券是一种债权凭证

B. 股票持有人有选择权，债券持有人则没有

C. 股票没有偿还期限，债券则有偿还期限

D. 股票和债券的收益分配形式是一样的

13. 当一国国际支出大于国际收入出现亏空时，称为（　　）。

A. 国际收支顺差　　B. 国际收支逆差

C. 国际收支平衡　　D. 盈余

14. 中央银行最基础、最重要的货币政策工具是（　　）。

A. 法定存款准备金率　　B. 再贴现政策

C. 公开市场业务　　D. 利率最高限

15. 当社会总需求小于社会总供给时，应实行的财政货币政策是（　　）。

A. “双紧”政策　　B. “松”财政“紧”货币政策

C. “双松”政策　　D. “松”货币“紧”财政政策

二、多项选择题（15分）

1. 在市场经济条件下，财政具有以下特征（　　）。

A. 政府主体性　　B. 公共性

C. 非营利性　　D. 法制性和民主性

2. 财政调节居民个人收入水平，主要的手段是（　　）。

A. 税收　　B. 国债

C. 政府投资　　D. 转移支付

3. 社会救济的资金来源包括（　　）。

A. 国家财政拨款　　B. 社会捐款

C. 公民互助　　D. 银行信贷

4. 目前我国来自于V部分的财政收入主要有（　　）。

A. 个人所得税　　B. 居民购买国库券

C. 向个人收取的规费和罚款收入　　D. 国家出售高税率消费品所得的一部分收入

5. 税收的特征是（　　）。

A. 强制性　　B. 无偿性

C. 固定性　　D. 偿还性

6. 分税制体制中，关于中央与地方收入的划分是（　　）

A. 中央固定收入　　B. 地方固定收入

C. 中央与地方共享收入　　D. 其他收入

7. 货币的职能是（　　）。

A. 价值尺度　　B. 支付手段

C. 流通手段　　D. 贮藏手段

8. 治理通货膨胀应采取的措施是（　　）。

A. 增加财政支出　　B. 增加税收

C. 减少财政支出　　D. 提高利率

9. 目前我国商业银行的证券投资对象是（　　）。

A. 政府债券　　B. 股票

C. 公司债券　　D. 金融债券

10. 商业银行的中间业务主要有（　　）。

A. 支付结算业务　　B. 担保业务

C. 理财业务　　D. 电子银行业务

11. 人身保险可划分为（　　）三种。

A. 人寿保险　　B. 意外伤害保险

C. 健康保险　　D. 责任保险

12. 直接金融工具包括（　　）。

A. 政府债券　　B. 公司债券

C. 公司股票　　D. 银行债券

13. 外汇具体包括（　　）。

A. 外国货币　　B. 外币支付凭证

C. 外币有价证券　　D. 特别提款权

14. 国际收支平衡表中经常账户包括的项目有（　　）。

A. 货物　　B. 服务

C. 收入　　D. 经常转移

15. 一般性货币政策工具包括（　　）。

A. 法定存款准备金率　　B. 再贴现

C. 公开市场业务　　D. 信用配额

三、判断改错题（15 分）

1. 在市场经济条件下，生产和销售假冒产品这一社会现象会自然消失。（　　）

2. 财政分配是社会收入分配的主要形式。（　　）

3. 税式支出实际上是政府给予纳税人的一种隐蔽性的财政补贴。（　　）

4. 国债就是公债。（　　）

5. 纳税人就是负税人。 （ ）

6. 预算执行中的调整，经常进行的是全局调整。 （ ）

7. 货币在执行价值尺度职能时，必须是现实的货币。 （ ）

8. 信用就是人与人之间的一种信任程度。 （ ）

9. 商品流通是由货币流通引起并为货币流通服务的。 （ ）

10. 商业银行是我国唯一发行货币的银行。 （ ）

11. 商业保险公司以市场经济原则来经营保险，但不以盈利为目的。 （ ）

12. 资本市场具有流动性小、周转期长、风险性大的特征。 （ ）

13. 现行的人民币汇率是固定汇率。 （ ）

14. 国际储备增加有助于本国货币汇率的上升。 （ ）

15. 紧缩性财政政策是指通过减少财政收入，扩大财政支出来增加和刺激社会总需求的财政政策。 （ ）

四、名词解释（15分）

1. 国债

2. 金融

3. 货币制度

4. 社会保障

5. 商业银行

五、简答题（25 分）

1. 在市场经济体制下，财政具有哪些职能？

2. 简述税收的形式特征。

3. 汇率的标价方法有哪些，各自有什么特点？

4. 商业银行的经营原则是什么？

5. 一般性货币政策工具有哪些？其具体内容是什么？

六、计算题（5 分）

某储户将 1 万元于 2009 年 1 月 24 日存入银行，存期两年，年利率为 2.79%；支取日挂牌公告的银行活期储蓄存款利息率为 0.36%。（1）假如该储户于 2009 年 3 月 15 日提前支取，计算该储户实际得到的利息额。（2）假如该储户到期支取，实际得到的利息额是多少？（3）假如该储户于 2011 年 5 月 3 日支取，实际得到的利息额又是多少？

七、论述题（10 分）

试论述金融市场的功能。